海上丝路百科

吴志远 著

中国少年儿童新闻出版总社
中国少年儿童出版社
北京

图书在版编目（CIP）数据

海上丝路百科 / 吴志远 著 . -- 北京 : 中国少年儿童出版社 , 2024.1
（百角文库）
ISBN 978-7-5148-8398-5

Ⅰ . ①海… Ⅱ . ①吴… Ⅲ . ①海上运输 – 丝绸之路 – 中国 – 青少年读物 Ⅳ . ① K203-49

中国国家版本馆 CIP 数据核字 (2023) 第 243290 号

HAISHANG SILU BAIKE
（百角文库）

出版发行：中国少年儿童新闻出版总社　中国少年儿童出版社

执行出版人：马兴民

丛书策划：马兴民　缪　惟	美术编辑：徐经纬
丛书统筹：何强伟　李　橦	装帧设计：徐经纬
责任编辑：张　靖	标识设计：曹　凝
责任校对：刘文芳	封 面 图：杰米乔
责任印务：厉　静	

社　　址：北京市朝阳区建国门外大街丙 12 号	邮政编码：100022
编 辑 部：010-57526303	总 编 室：010-57526070
发 行 部：010-57526568	官方网址：www.ccppg.cn

印刷：河北宝昌佳彩印刷有限公司

开本：787mm ×1130mm　1/32	印张：3.625
版次：2024 年 1 月第 1 版	印次：2024 年 1 月第 1 次印刷
字数：40 千字	印数：1-5000 册

ISBN 978-7-5148-8398-5　　　　　　　　　　　定价：12.00 元

图书出版质量投诉电话：010-57526069　　电子邮箱：cbzlts@ccppg.com.cn

序

提供高品质的读物，服务中国少年儿童健康成长，始终是中国少年儿童出版社牢牢坚守的初心使命。当前，少年儿童的阅读环境和条件发生了重大变化。新中国成立以来，很长一个时期所存在的少年儿童"没书看""有钱买不到书"的矛盾已经彻底解决，作为出版的重要细分领域，少儿出版的种类、数量、质量得到了极大提升，每年以万计数的出版物令人目不暇接。中少人一直在思考，如何帮助少年儿童解决有限课外阅读时间里的选择烦恼？能否打造出一套对少年儿童健康成长具有基础性价值的书系？基于此，"百角文库"应运而生。

多角度，是"百角文库"的基本定位。习近平总书记在北京育英学校考察时指出，教育的根本任务是立德树人，培养德智体美劳全面发展的社会主义建设者和接班人，并强调，学生的理想信念、道德品质、知识智力、身体和心理素质等各方面的培养缺一不可。这套丛书从100种起步，涵盖文学、科普、历史、人文等内容，涉及少年儿童健康成长的全部关键领域。面向未来，这个书系还是开放的，将根据读者需求不断丰富完善内容结构。在文本的选择上，我们充分挖掘社内"沉睡的""高品质的""经过读者检验的"出版资源，保证权威性、准确性，力争高水平的出版呈现。

通识读本，是"百角文库"的主打方向。相对前沿领域，一些应知应会知识，以及建立在这个基础上的基本素养，在少年儿童成长的过程中仍然具有不可或缺的价值。这套丛书根据少年儿童的阅读习惯、认知特点、接受方式等，通俗化地讲述相关知识，不以培养"小专家""小行家"为出版追求，而是把激发少年儿童的兴趣、养成正确的思考方法作为重要目标。《畅游数学花园》《有趣的动物语言》《好大的地球》《看得懂的宇宙》……从这些图书的名字中，我们可以直接感受到这套丛书的表达主旨。我想，无论是做人、做事、做学问，这套书都会为少年儿童的成长打下坚实的底色。

中少人还有一个梦——让中国大地上每个少年儿童都能读得上、读得起优质的图书。所以，在当前激烈的市场环境下，我们依然坚持低价位。

衷心祝愿"百角文库"得到少年儿童的喜爱，成为案头必备书，也热切期盼将来会有越来越多的人说"我是读着'百角文库'长大的"。

是为序。

马兴民
2023 年 12 月

目 录

1 　从丝绸到瓷器

14 　海上丝绸之路的路线

38 　海上丝绸之路的璀璨明珠

66 　后来居上的海上丝绸之路

85 　历史洪流中的海上丝绸之路

104 　海上丝绸之路的美好愿景

从丝绸到瓷器

　　古希腊人将中国称为"赛里斯",即丝国。丝绸,是那个时代中国独有的精美工艺品。欧洲贵族对这种来自东方的精美物品喜爱至极,以能够拥有中国丝绸为荣。秦汉以后,中国丝绸成了欧亚大陆间贸易的宠儿,以丝绸贸易为主的东西方商贸活动使得这条贸易之路长盛不衰。千百年来,丝绸之路横贯亚欧,东西方的物产、文化、思想在此交流碰撞,相互融合。直至唐朝以前,丝绸和黄金都是东西方贸易中最为紧俏贵重的物品。

　　唐朝以后，随着中原王朝对西域地区控制力度的下降，延续上千年的陆上丝绸之路逐渐失去了往日的辉煌。在文化交流中，丝绸生产不再被中国所垄断，中亚、西亚诸国均掌握了养蚕织丝技术，开始生产丝绸。这一时期的中国又以一种新的精美工艺品——瓷器吸引了世界的眼球。当欧洲人第一次见到这种来自古老中国的精美物品时，他们彻底被其魅力折服了。此后的千余年中，欧洲上层社会开始对东方瓷器疯狂追求。中国，也从西方人眼中的"丝之国"逐渐转变为"瓷之国"。

一、从"丝之国"到"瓷之国"的转变

　　历经"安史之乱"后，唐朝国力大为下降，

曾经的盛唐雄风一去不返，驼铃响彻千年的陆上丝绸之路也逐渐辉煌不再。长期的战乱使得中原王朝再也无法对西北边陲形成有效控制。同时，外国人逐渐掌握了丝织技术，在今中国新疆和田和土耳其伊斯坦布尔均形成了规模宏大的丝织业生产中心，中国不再是世界上唯一出口丝绸的国家。再加上陆上丝绸之路要穿越自然条件恶劣的葱岭（今帕米尔高原）和戈壁滩，传统的驼运方式耗时过长，价格昂贵且运输量有限，导致唐朝以后陆上丝绸之路逐渐没落。

随着唐宋时期制瓷工艺水平的提升，中国生产的精美瓷器渐渐取代丝绸，成为东西贸易交流中新的宠儿。瓷器传到西方之后，欧洲人对其迷恋程度丝毫不亚于曾经的丝绸，他们称中国瓷器为"白色的金子"。为了得到一两件中国的瓷器，欧洲王室不惜花费重金。他们认为，能够拥有并使用中国制造的精美瓷器是上层社会的身份象征。平民百姓更是不惜倾家荡产也要得到一件中国瓷器作为传家宝。

中国瓷器的制造历史最早可以追溯到距今约四千年的夏朝，最早的瓷器是原始青瓷。在中国，人们通常将用高岭土烧制而成的器皿称为"瓷器"。中国瓷器的发展经历了一个漫长的过程，在时代变迁中逐渐趋于成熟。

唐朝至宋初是中国瓷器生产的第一个高峰期。这一时期，中国向外输出的瓷器品种以唐三彩、邢窑白瓷、越窑青瓷、长沙窑彩绘瓷为主。邢窑白瓷和越窑青瓷分别代表了南北两大瓷器流派，号称"南青北白"。邢窑位于今河北邢台一带，其生产的白瓷质地坚硬，制作精致，胎釉洁白如雪。在其影响下，北方地区出现了又一著名的白瓷窑——定窑。定窑位于今河北保定一带，其生产的瓷器以器形大方、工艺精美著称。而越窑青瓷产自浙江慈溪、宁波一带，以晶莹如冰、温润如玉闻名海内。在它的影响下，出现了一大批烧制青瓷的瓷窑。

宋元时期是中国瓷器生产的第二个高峰期。宋朝瓷器以宫廷皇室所用的高级瓷器为最优，由官窑烧制，严禁民间使用。其造型仿古，工艺精美，价格昂贵。由于官窑生产的瓷器不许民间使用，而宫廷所需终究有限，所以宋朝官窑烧制的瓷器虽然精美，却难以得到快速的普及与发展。相反，民间瓷窑大量兴起，根据市场需求不断革新技术，争相发展，生命力十分旺盛。这一时期，北方瓷窑主要有定窑、耀州窑（今陕西铜川）、磁州窑（今河北磁县）和钧窑（今河南禹州）等；南方则有龙泉窑、景德镇青白瓷窑等窑。这些瓷窑烧制的瓷器各具特色，逐渐形成了宋朝瓷器种类"百花争艳"的局面。元朝瓷器是在宋朝瓷器基础之上形成的，其北方瓷窑无甚创新之处，在质量上甚至不如宋朝，而南方的景德镇瓷器则在元朝蓬勃发展，逐渐形成以青花瓷为主的精品。

明清时期是中国瓷器生产的黄金时期。中国瓷器的审美观以明朝为界，之前崇尚或白或青的素色瓷器，明朝以后则倾向于色彩绚丽的彩瓷。明朝在景德镇设官窑，专门生产皇家专用瓷器，景德镇也成为全国的瓷器制造中心。永乐、宣德时期的青花瓷保留了元青花的许多特征，釉色浓郁，造型大气。成化年间，在青花釉的基础上着红、绿、黄、紫等彩色，称为"斗彩"。嘉靖、万历时期，又形成了颜色层次更加丰富的"五彩"瓷器。清朝皇室在景德镇设御瓷厂，但是瓷器的烧制基本是在当地的民窑进行。康熙时期，在明"五彩"的基础之上发展出了"珐琅彩"；雍正时又烧制出"粉彩"；乾隆时期，瓷器工艺的突出成就是"转心瓶"的制作。清朝的瓷器工艺是历代烧瓷技术的集大成者，可谓达到了中国瓷器烧制的巅峰。

精美瓷器的大量制造，为对外输出提供了保障。随着唐朝以降陆上丝绸之路的没落，海上丝绸之路逐渐兴盛起来。中国美轮美奂的陶瓷工艺品经这条"海上陶瓷之路"向外传播，以其精湛的制作工艺和独有的艺术魅力征服了全世界。

二、一条"海上陶瓷之路"

从茫茫无际的中国南海经印度洋到非洲东海岸，有一条连通中国和沿线亚洲各国，以及东非、北非乃至地中海国家的海上通道，这就是著名的"海上丝绸之路"，也是一条传奇的"海上陶瓷之路"。唐朝以后，瓷器逐渐取代丝绸，成为中国出口商品的大宗，海外瓷器贸易也在世界航海交通史和中西文化交流史上占据着不容忽视的地位。

中国自古就存在海上贸易。海上贸易航线大致起源于西汉时期，唐宋时期蓬勃发展，明朝至清初处于黄金阶段，鸦片战争后逐渐衰落。由于海上贸易的主要物品从丝绸逐渐转变为瓷器，我们可以称这条海上丝绸之路为"海上陶瓷之路"。这条"海上陶瓷之路"是世界上已知的最为古老的海上航线，是历代中原王朝与周边各国和西方诸国贸易和文化交流的主要通道。

汉朝的海上丝绸之路覆盖范围较小，主要

是以徐闻（今广东湛江）、合浦（今广西北海）为起点，向南经越南、泰国到达缅甸；由缅甸向西航行至印度；由印度南下航行至斯里兰卡，再向东经马六甲海峡到达新加坡，再经由越南返回中国。这条航线探索了中国南海与印度洋之间的海道情况，初步确立了沿线各国的朝贡贸易关系，为后代完整的海上丝绸之路奠定了基础。同时，由中国东部沿海各港口向东航行至朝鲜半岛和日本的东海航线也逐步确立。由于这条航线航程较短、难度较小，所以贸易往来更为频繁。

汉末至隋唐，中国沿海主要口岸已经有广州、泉州和宁波三个大港以及不计其数的小港，这为海上丝绸之路的逐渐发展完备创造了条件。唐朝以前，海上丝绸之路发展缓慢。由于航海技术尚未成熟，海运风险很大，所以海上贸易并未成为对外贸易的主要形式，海上丝绸之路一度只作为陆上丝绸之路的补充通道出现。随着隋唐时期中国造船技术和航海技术的不断提高，海上丝绸之路发展成熟的条件已经形成。中国通往东南亚各国，经马六甲海峡过印度洋，至红海以及非洲大陆的新航路纷纷开辟，这条"海上陶瓷之路"最终取代运行千年的陆上丝绸之路，成为中西方贸易文化交流的主要通道。广州港也因其优良的深水港和便捷的地理位置成为当时中国最大的港口。

唐玄宗时期在广州设置"市舶使"，这是中国古代最早设立的管理海外贸易的官职。唐朝以后，宋、元、明各朝在沿海各港口纷纷设立"市舶司"，其地位等同于现在的海关，以加强政府对海外贸易的监管。唐朝的海外贸易中，瓷器已经成为大宗商品。1998年，一家德国公司在印度尼西亚勿里洞岛海域打捞出一艘唐朝沉船"黑石"号，船上满载着中国出口运往西亚、北非地区进行贸易的货物。其中，仅瓷器就有近七万件。研究人员在这些瓷器中见到了"宝历二年七月十六日"的字样，宝历二年即公元826年。可见在中晚唐时期，中国的海外瓷器贸易就已经十分发达了。

两宋时期，由于指南针在航海中的广泛应用，远洋船只的航海能力得以全面提升。当时中国掌握着世界上最先进的航海技术，外国商人在远洋贸易中都会优先选择乘坐中国船只。北宋时期，西域地区基本上被契丹、党项等游牧民族占据。至南宋时，陆上丝绸之路更是完全断绝。这反而在客观上推动了南宋王朝加快开辟海上贸易通道，海上丝绸之路的发展因此渐趋完善。南宋时期的海上贸易已经十分发达，瓷器的对外出口更是兴盛。

元朝在对外贸易方面实行"置而不征"的重商政策，也就是对过往客商实行免税措施。元帝国的海上贸易十分发达，依托大型港口与亚、非、欧、美洲的六十多个国家和地区达成了贸易往来。可以说，元朝的对外贸易交往范围达到了空前的地步。元朝的海外贸易十分繁盛，其关税收入也为财政带来了丰厚的利润。

明朝至清初是海上丝绸之路的全盛时期，也是海外瓷器贸易的黄金时期。明初郑和七次下西洋，先后到达亚洲、非洲的三十多个国家和地区，与之建立了完整的朝贡贸易体系。明朝的海外航线几乎遍布全球。在传统航线的基础之上，16世纪开辟了到美洲的航线。这条航线由广州出海，经澳门向东航行至菲律宾，在马尼拉港停靠后进入太平洋，继而向东至墨西哥西海岸。由于明清两朝的统治者实行海禁政策，大多数时候只开放广州一个口岸进行通商贸易，因此广州在政策力量的驱动下一跃成为中国对外贸易的第一大港。直到鸦片战争前夕，广州的外国商人络绎不绝，是当时中国与世界接触最多、开放程度最高的城市。明清时期，以广州为起点的海上贸易相较唐宋两朝取得了更大的发展，瓷器的制造与贸易更是空前繁荣。

从唐朝到清朝的千余年里，中国瓷器畅销海外，开辟了一条不同于丝绸之路的"海上陶瓷之路"。从东亚到东南亚、南亚，再到西亚、东非、北非、西非，从南欧到北欧、西欧，从墨西哥到美国，中国的海外贸易基本覆盖了全球。这条"海上陶瓷之路"促成了世界各国的贸易交流，使得全球的经济文化得以相互碰撞融合。可以说，这条由中国通向世界的"海上陶瓷之路"是全球化的开端。

海上丝绸之路的路线

从古代的概念来看,海上丝绸之路的路线主要围绕商品输出的概念形成,一般指海上交通的发展,不同地区不同国家间的海洋来往,由此形成的固定的航线等。我国古代海上交通主要指的是同以日本为主的东方海上交通,以及与欧洲、南亚等国进行的西方海上交通等。

虽说古代中国是一个以大陆为中心的农业国,航海业不过是封建王朝发展过程中的副产品,但仍有诸多仁人志士、诸多先辈历经艰险、拓海开洋，一起打造了连通东西方的海上丝绸之路。在这条海路上，沿线的国家之间不仅实现了贸易上的互通有无，并且对经济的繁荣起到了重要作用；甚至还促进了不同民族文化的交汇融合，对人类文明进步产生了深远的影响。鼓乐喧天、万千舟楫扬帆出海，绚丽的历史风云仿佛金色波浪，将我们带到中古的海上丝绸之路，让我们一起去领略沿途的风光吧。

一、东西方的海上交通

海上丝绸之路是古代中国与外国交通贸易和文化交往的海上通道，交易的物品不仅有丝绸，还有陶瓷、香料、宝石、皮货等，故也被称为"海上陶瓷之路""海上香料之路"或"海上香瓷之路"。海上丝绸之路最早于1913年由法国的汉学家沙畹在其著作《西突厥史料》中提及。沙畹认为，丝绸之路应分为两条：一条陆上，一条海上。"海上丝绸之路"的具体名称则是日本学者三杉隆敏于1967年出版的专著《探索海上丝绸之路》中提出来的，已为学术界普遍接受。

海上丝绸之路萌芽于商周，发展于春秋战国，形成于秦汉，兴于唐宋，转变于明清，是已知最为古老的海上航线。海上丝绸之路分为东海航线和南海航线两条线路，其中以连接欧亚非的南海航线为中心。

海上航行必须有船只。我们的祖先早在远古时代就已经学会造船了。到了商朝已经出现了木板船，可以进行短途的沿海岸航行。但同时这种木板船的抗风能力较差，容易出现事故，后来出现了所谓的"帆"。西周时，东南沿海一带的百越人以善于造船著称，他们经常在南海进行航海活动，通过番禺（pānyú，今广东广州）进行贸易，最远已到达东南亚。

在我国南方，近些年汉墓考古中出土了一大批非洲的象牙、波斯（今伊朗）的金银器，甚至在广州发掘的汉墓中还有不少外国人形象的陶俑。这表明在秦汉时期，从我国南方到波斯湾的海上路线已经打通。

公元3—6世纪，南海诸国与印度洋主要国家的交往明显增多，商业也愈加繁荣。发祥于印度的佛教通过海路在东南亚诸国广为传播，成为世界上最有影响力的宗教之一。公元4世纪时，天竺（今印度）占据重要的航海贸易港口和商业要道，控制了很多国外市场。天竺商船往东可以到达东南亚、中国，往西到达了波斯湾、地中海。这一时期天竺商人控制着海上丝绸之路要道，成为极其重要的中转站。

公元7—8世纪，世界上三个强大的国家是大唐、阿拉伯帝国（大食）及拜占庭帝国，分别掌管着各自沿海的贸易。各国商人也都踊跃贸易，连通亚非欧三个大洲。这一时期开辟了一条重要的海道：广州通海夷道。同时也兴起了一大批商业贸易城市，比如阿拉伯帝国的巴格达、开罗，大唐的泉州、广州、宁波等。唐朝中日交流也极其繁荣。唐朝国力强盛，文化发展迅速，加上开明的外交政策，日本遣唐使络绎不绝，唐人东渡接连不断。随着日本使团而来的还有大量的留学生、僧侣，他们深入中国进行多方面的学习，汲取中华文化精华，回到日本后协助朝廷进行改革，推动日本社会的发展。

到了宋元时期，由于陆上丝绸之路的不顺，

以及全国经济重心的南移,造船技术的提升,特别是指南针应用于航海,海上丝绸之路出现了空前繁荣的景象,成为我国对外交往的主要通道。比如元朝的泉州港已经超越了广州港,与埃及的亚历山大港并称为"世界第一大港"。泉州的高度繁荣也反映了当时中外贸易的繁盛。

明清时期的海上丝绸之路本应随着时代的发展更为繁荣,但因为海禁的实施,一定程度上阻碍了东西方交通的发展,不过这一时期仍有郑和下西洋这样的伟大事件发生。同时这一时期的欧洲国家进行了创新,成为东西方交通的主导者,中国在航海大国中的地位下降。那时有三个极其重要的欧洲人,完成了一些在当时看起来根本不可能完成的壮举,那就是新航路的开辟。伴随着新航路的开辟,新的时代来临，世界也发生了翻天覆地的变化。

鸦片战争以后，近代中国一直无法掌握海关主权，西方列强牢牢掌握着海上贸易的主动权，海上丝绸之路基本沉寂。改革开放以后，海上丝绸之路才重新焕发出了活力与激情。近些年，我国提出的"21世纪海上丝绸之路"倡议，是对古代海上丝绸之路的继承与发展，以点带线，以线带面，增进周边国家和地区的交往，穿起连通东南亚、南亚、西亚、北非、欧洲等各大经济板块的市场链，发展面向南海、太平洋和印度洋的战略合作经济带，完成以亚欧非经济贸易一体化为发展的长期目标。

在东西方交通史上，殖民主义、海盗抢劫、宗教冲突、国家或民族间的战争屡见不鲜。不过，东西方的主流是和平交往。海上丝绸之路文化遗产以实物图像再现久远的东西方海上交往与文化交流的历史，带给人们的基本信息无疑是国际间的友谊之旅与和平交往，唤醒各国人民对外交往的美好记忆，展示人类创造文明、共同发展的智慧，有利于增进世界和平与友好。

二、始于汉朝的南海航线

南海航线，又称南海丝绸之路，起点主要是广州和泉州，是我国起源时间最早、线路最长、连接国家最多、最为复杂的航线。这条线路又分南线和东线。其中南线是海上丝绸之路最早开辟的、最主要航线，自番禺、泉州、徐闻、合浦起航，进入南海，沿着中南半岛沿海海域，穿越马六甲海峡，进入印度洋，至西亚和非洲东海岸各国，支线经波斯湾、红海，延伸至欧洲；东线则在明清时期开辟，由东南沿海通过太平洋到达美洲。

公元前111年，汉武帝在派张骞"凿空西域"之后出兵平定南越，在岭南设置九个郡，开始拥有直接通往南海诸国的海上通道，也成为海上丝绸之路形成的标志。据《汉书·地理志》记载，汉武帝派使者由徐闻、合浦等港口前往南海地区，最远到达今天的斯里兰卡进行官方贸易。由中国向斯里兰卡的航线，与地中海、红海、印度洋向东方的航线正式交会，这样双向的路线正式构成了所谓的"海上丝绸之路"。

东汉时期，已经有古籍记载了中国与大秦（罗马帝国）通过海上进行的间接贸易。中国商人运送丝绸、瓷器，经海路由马六甲海峡经苏门答腊到印度，并且采购香料、染料运回中国。印度商人再把丝绸、瓷器经红海运往埃及的开罗港或经波斯湾进入两河流域，再由古希腊、古罗马商人从埃及的亚历山大等港口经地中海运往古希腊、古罗马的大小城邦。

南海航线随着时代变化也一直有改变。到了隋唐时期，海上丝绸之路的主港从徐闻、合浦变成了广州。据《新唐书》记载，当时东南沿海有一条通往东南亚、印度洋北部诸国、红海沿岸、东北非和波斯湾诸国的海上航道，这就是所谓的"广州通海夷道"，也是"海上丝绸之路"的最早叫法。这条航线途经一百多个国家与地区，假如不考虑停留时间的话，以当时船只航行速度，航期大约89天，是当时世界上最长的远洋航线。当时的广州港，"大舶参天""万舶争先"。唐朝诗人刘禹锡惊叹之余，曾留下"连天浪静长鲸息，映日帆多宝舶来"的诗句。以货物论，这条海上商路往外输出的主要商品是丝绸、瓷器、茶、铜铁器四大宗，往回传入的则主要是香料、花草等供宫廷赏玩的奇珍异宝。除中国人出海经商外，当时会集广州的各国商人也很多，甚至出现了集中的侨居地(即所谓"蕃坊""蕃市""蕃学"等)，堪称"蕃汉万家"。这一时期，陆上丝绸之路逐渐衰落，海上丝绸之路开始逐渐显露出它的重要性。广州是海上丝绸之路上时间最长的始发港。唐玄宗开元年间在广州设立了市舶使，一般由宦官担任，总管海路邦交外贸。

宋元时期，南海航线主要始发港又有了一些新的变化。泉州，古称"刺桐"，曾被马可·波罗誉为"东方第一大港"。北边日本和朝鲜半岛客商希望宋朝主港口尽量靠北，而贸易量更大的阿拉伯世界和南海诸国则希望尽量靠南，两股方向的合力点便平衡在当时地处南北海岸中点的泉州。正是这一南北两面辐射的地理优势使得泉州在设立市舶司（公元1087年）正式开港后，逐渐取代广州，成为世界第一大港和南海海上丝绸之路的起点。

到了明朝，郑和率领船队七下西洋，开启了中国远洋航行的新时代。明成祖永乐年间，郑和受命下西洋，率领浩浩荡荡的船队遍访亚洲和非洲的三十几个国家、地区和城邦，最远到达东非、红海，船上装载着大量的金、银、手工艺品，交换回珠宝和香料、染料等奢侈品，建立起朝贡贸易体系，彰显大国神威。郑和七次下西洋，跨南海、过印度洋，远航西亚直至东非海岸，是世界航海事业的先驱，创造了世界航海史上的奇迹，标志着明朝对海上丝绸之路的发展和贡献，也标志着古代海上丝绸之路在明朝的鼎盛。

同时，这一时期新航路的开辟及地理大发现，传统的南海商道也渐渐演变成连接全球的海洋贸易网络。明初由于海禁，泉州慢慢衰落，特许例外的广州负责对南海诸国的贸易，又恢复了中国对外贸易首港的地位。在明朝，闽浙市舶司时置时罢，唯广州市舶司一直不变。明朝中叶澳门开埠，与广州一起，居于连接全球海运航线网络的中心。也是在这一时期，南海航线的东线开辟了，自广州、澳门、漳州月港起航，经菲律宾马尼拉，再横渡太平洋到达美洲新大陆。

清朝南海丝绸之路出现了巨大转变，开始走向衰败。清朝闭关锁国，广州长时间处于"一口通商"的局面，对外贸易只能通过特许经营的官方贸易机构——广州十三行进行。从广州出发的航线，是国内唯一拥有通往欧洲、拉美、南亚、东洋（今日本）的环球贸易航线，也是清政府闭关政策下唯一幸存的海上丝绸之路。唯一的通道虽然给广州带来了盛况，但其他贸易城市却逐渐没落，中国也逐渐失去了南海丝绸之路的主导权。特别是鸦片战争以后，西方列强的坚船利炮打开了中国封闭的国门，我国慢慢沦为半殖民地半封建社会，海上丝绸之路名存实亡。

过往的辉煌我们会牢记。我们国家高度重视海上丝绸之路的申遗工作。泉州、广州作为海上丝绸之路最为重要的两个城市，在八个城市中分别拥有数量第一、第二的申遗点。2021年7月25日泉州申遗成功，海上丝绸之路再度绽放出它独特的风采。

三、直通日本的东海航线

秦朝从渤海到朝鲜半岛的海上交通较为发达。汉初，燕人卫满入侵朝鲜半岛，灭了箕子朝鲜，建立卫氏朝鲜。因卫氏朝鲜阻断了汉与日本的海上交通，公元前109年，汉朝派五万大军从山东半岛出发，渡过渤海灭掉卫氏朝鲜，重新沟通了中日航线。东汉末年，大量高官如管宁、王烈等由山东半岛渡海移居到辽东，同时也确立了中国与日本较为固定的海上交通，即以朝鲜半岛的乐浪郡（今朝鲜北部）为中介，沟通中日。

曹魏时期，日本卑弥呼女王遣使觐见，献上厚礼。皇帝认为，卑弥呼不远万里来进贡，怜其忠良，封"亲魏倭王"，同时赐予金银紫绶及诸多厚礼。从南朝到隋朝，中日间的沟通一直在延续。据《隋书·倭国传》记载，隋文帝开皇二十年（公元600年），倭王"遣使诣阙"，这是日本首次向隋朝派遣使节。大业三年（公元607年）七月三日，日本朝廷任命官居"大礼"的小野妹子为使臣，以精通中国语的鞍作福利为翻译官，率领使节团再度访问隋朝。小野妹子所呈倭王致隋炀帝的国书称"日出处天子致书日没处天子无恙"云云，隋炀帝看了国书很不高兴，但出于对两国友好关系的重视，特派文林郎裴世清于大业四年（公元608年）三月随归国的小野妹子回访，于四月到达日本。小野妹子访问中国，偕"沙门数十人来学佛法"。留学生为学者，学问僧的修学亦不仅限于佛教。他们在中国留学、居留十数年，甚至有长达三十余年，直到唐朝才返回日本，由于多属所谓"汉人""新汉人",懂得汉语,善于在中国学习,其对中国的政治制度、律令法规、宗教和文化等各方面的知识都很渊博,故为日本朝廷所重用,对日本国家的治理和革新起了很大作用。无论从中国还是日本的立场出发,日本的遣隋使与此后的遣唐使都是前后相连,关系紧密而不可分割的,可以说遣唐使是遣隋使的延续。

到唐朝,中日航线有了进一步的变革,由一条增加到两条。唐朝是中日交流最为频繁的朝代,大量的遣唐使在中国学习,吉备真备和阿倍仲麻吕是其中的典型代表。

吉备真备生于公元695年,本姓下道,原名下道真备。其父下道国胜官居右卫士少尉,为奈良时代的下级武官。其母杨贵氏,世居吉备国。按当时规定,中级以下官吏的子弟只能作为留学生，而不能作为使节遣唐，只有名门之后和有权势的子弟才有可能被选派为遣唐使。吉备真备为赴唐求学，十五岁时便申请入大学寮接受省试。元正天皇灵龟二年（公元716年），他从八位候选人中脱颖而出，被选为遣唐留学生，时年二十二岁。第二年，即元正天皇养老元年（公元717年），吉备真备随第九次遣唐使团入唐，时值唐玄宗开元五年。

这一次遣唐使的同行者中除吉备真备外，还有留学生阿倍仲麻吕，加上其他随行人员及水手共五百五十七人，分乘四条大船，三月从今大阪出发，取南路，侥幸无事，一路顺风，渡过了中国东海，到达今上海附近，随后又取道陆路，九月到达唐都长安。吉备真备与阿倍仲麻吕同乘一船，年龄相仿，志向一致，很快便成了挚友。但阿倍仲麻吕与吉备真备不同，其父官为中务大辅,是当时的中等贵族,而吉备真备之父的地位要低得多。到了长安以后,阿倍仲麻吕很快便进入了"太学",而吉备真备却只能就学于四门学。吉备真备虽然未能进入太学,但是由于唐玄宗崇尚礼仪,友善邻邦,国无大小,凡入朝使者和前来留学的学生均以礼相待。因此,吉备真备到达长安,进入鸿胪寺后,唐玄宗便指派四门学助教赵玄默前往鸿胪寺,授吉备真备以《汉书》《礼记》之类。赵玄默是当时很有影响、很有名望的学者,他受诏于唐玄宗,负责编纂秘书省的典籍。

吉备真备在唐留学近十九年,不仅随师学习了各种课程,还独自钻研了许多方面的学问。因此,吉备真备与阿倍仲麻吕的学习成绩十分突出。阿倍仲麻吕在学完了太学课程并获得了"国士学"之后,便参加了科举考试,中了进士。当时的科举要求是很严格的，不要说是外国人，就是唐朝的秀才要考取进士也并非易事。阿倍仲麻吕能够进士及第，这在遣唐留学生中也是少有的。阿倍仲麻吕考取进士后便入朝为官，先是任左春坊司经局的校书，其后升任左拾遗。唐开元十九年（公元731年），他被任命为左补阙。此时，他常有机会得见玄宗皇帝，玄宗便将他原来的名字改为晁衡，也有人称其为晁卿。阿倍仲麻吕不仅官居高位，同时也和当时的大诗人李白等名流是好友。天宝十一年（公元752年）十月十五日，阿倍仲麻吕从苏州起航回国。是夕皓月当空，皎洁的月光洒满大江，秋水共长天一色。阿倍仲麻吕仰视海天，惜别中国，向往故乡，遂咏成和歌一首。但是，命运却偏偏与归心似箭的阿倍仲麻吕为难，他们一行在归国途中遇到了风暴。藤原清河大使和阿倍仲麻吕所乘的第一船触礁，不能继续航行，与其他三船失掉联系，被风暴吹到今越南的驩州海岸。登陆后，不料又遭横祸，全船一百七十余人，绝大多数惨遭当地土人杀害，幸存者只有阿倍仲麻吕和藤原清河等十余人。天宝十四年（公元755年），他们历尽艰险，再次回到长安。此后，阿倍仲麻吕一直留在中国，直到去世。

隋唐时期是中日友好往来的鼎盛时期。两国互派使者，其中佛学界来往尤为频繁。公元742年，日本荣睿、普照两位和尚前往扬州拜访鉴真，请鉴真去日本传授佛学，于是鉴真开始了他一生的壮举——东渡日本。鉴真东渡日本历时十二年，其间经历的磨难是常人不可想象的。鉴真由于多次东渡失败，加上心急劳累而双目失明，但他矢志不移，终于在公元753年第六次东渡成功。公元759年，鉴真和他的弟子开始建造唐招提寺并在此讲法。在传授佛学的同时，鉴真也为日本穷人治病，传播医学知识，日本人民因此尊称鉴真为"过海大师"。公元763年，鉴真身体状况越来越差，于五月客死异乡，终年七十六岁。

宋朝，中日贸易从不间断。因北方的燕云十六州为辽所占有，因此较少使用北方航线。南方航线的航运港口是明州，即现在的浙江宁波。航行的季节为了利用信风，提升航行的速度，去日本者多在夏季，回国者多在秋末冬初。

明朝建立后，为了彰显国威，使万国来朝，建立了厚往薄来的朝贡贸易体系。周边各国以其特产来朝贡，明朝则返还其大量的货币、丝绸和茶叶等，因此各国争先恐后来朝贡，日本也不例外。嘉靖二年（公元1523年）六月，日本左京兆大夫内艺兴派使者宗设抵达宁波；没多久，右京兆大夫高贡的使者瑞佐也偕宁波人宋素卿随后到达。由于宋素卿贿赂宁波市舶太监赖恩，宴会时得以坐在宗设上座；其货船虽然后至，却先于宗设货船受检。宗设于是怒杀瑞佐，焚其船只，追宋素卿至绍兴城下，沿途烧杀抢掠。明军备倭都指挥刘锦、千户张镗战死，朝野震动，史称"争贡之役"。

"争贡之役"直接导致明朝政府废除福建、浙江市舶司，仅留广东市舶司一处，也导致明朝与日本的官方贸易途径断绝，倭寇滋生。经过戚继光平倭，倭患渐轻，然而并不解决根本问题。直至隆庆开关，倭寇才逐渐消失。

中日航线从西周开始，经过不断的探索，最终在秦朝形成初步的路线，汉朝逐渐完善，而后一步步地发展变化。中日间的交流也逐步频繁起来,由最开始的官方通使,建立联系,渐渐发展到贸易往来。不过也并非一帆风顺,其间也有一些不愉快。但总体而言,中日在这条航线上增进了友谊,扩大了经济文化的交流与融合,促进了双方共同发展。

海上丝绸之路的璀璨明珠

海上丝绸之路是连接东西方的海上交通线,也是沟通人类物质文明和精神文明的重要桥梁。坐落于华南大地之上的广州,是海上丝绸之路的起点之一,是世界海上交通史上唯一两千多年长盛不衰的大港,被誉为"历久不衰的海上丝绸之路东方发祥地"。早在秦汉时期,广州便是岭南地区的一大都会。魏晋南北朝时期,广州开始成为海上丝绸之路的主要港口。到了唐朝,广州发展成为中国第一大港,成为世界著名的东方港市。宋元时期，广州持续发展。明清两代，由于朝廷实行海禁政策，广州遂成为中国对外开放的唯一港口。广州的海上丝绸之路贸易比唐、宋两朝获得更大的发展，并且一直延续和保持到鸦片战争前夕。同时，广州也成为早期贸易全球化中的重要一环。

在中国绵延千年的海外交流史上，泉州曾广为世界各国的航海家和商人所熟知。意大利著名旅行家马可·波罗称赞泉州为"东方第一大港"，与埃及的亚历山大港齐名。经联合国教科文组织确认，泉州是古代海上丝绸之路的重要起点。据史料考证，最迟在南北朝时期，当时称为梁安郡的泉州就已经成为海上交通贸易的港口。从唐末五代开始，泉州丝绸之路日益兴起。宋元时期，泉州港达到鼎盛，成为中国第一大港。明清时期，由于"海禁"政策的影响，泉州港逐渐衰落。总之，泉州在海上丝绸之路的历史中占有重要地位。

宁波位于我国浙江省东部的沿海之滨，是海上丝绸之路的重要港口。早在七千年前，这里的先民就已经活跃于海上，创造了河姆渡文化。春秋战国时期，宁波的句（gōu）章港是我国著名的九大港口之一。东汉末年至魏晋时期，宁波港的海上贸易粗具规模。到了唐朝，宁波港的建设发展迅速，成为与各国通商贸易和文化交流的重要口岸。宋元时期，宁波港达到鼎盛。明清时期，宁波港受到"海禁"政策的影响，逐渐萧条。

一、历久不衰的丝绸之路大港：广州

广州古称番禺，是岭南地区的一大都会。

番禺位于西江、北江和东江三江的交汇处，南面濒临浩瀚的南海，因此具有成为海河港的潜力，近可通过三江到达岭外各地，远可出海抵达南海沿岸各地。番禺得天独厚的地理条件为其港口的兴起奠定了基础。据考古学家研究，早在先秦时期，岭南地区就已经与南海沿岸各地进行了海上交流。秦始皇统一中国后，在岭南地区设置了桂林郡、南海郡和象郡三郡，加强了对这一地区的开发。之后，秦朝故将赵佗统一岭南地区，建立南越国，定番禺为都城，岭南与南海各国的海上交往进一步发展。元鼎五年（公元前112年）汉武帝平定南越国，将岭南地区重归中央王朝的统治之下。汉朝的"大一统"与国力强盛，为扩展与南海沿岸各国的交往提供了物质基础。据《汉书·地理志》记载，西汉时期的船舶已经到达了今天的中南半岛、印度东南海岸与斯里兰卡等地。东汉时期,海上丝绸之路的交往贸易日益频繁。延熹九年(公元166年),大秦国王安敦派遣使者,通过海上丝绸之路到达中国,献上了象牙、犀角、玳瑁(dài mào)等礼物,这是欧洲国家使者访问中国的最早纪录。这一时期,由于航海技术有限,只能近岸行驶和海陆换乘;加上船只的体积较小,装载的淡水和粮食等生活必需品有限,需要从途中的港口及时补给,所以汉朝交趾湾(今北部湾)沿岸的日南(今越南中部)、徐闻和合浦等地成为海上丝绸之路的主要港口,番禺港的远航优势并没有发挥出来,只充当了来自交趾湾各港市海外商品的中转站。

到了三国时期,孙吴政权占据江南地区,特别重视发展水运。当时的造船和航海技术比秦汉时期有所进步，船舶容量增大，不必依靠沿岸港口补给生活用品；船舶性能有了很大提升，可以进行深海航行。因此，孙吴开通了从番禺直达东南亚各国的航线，这直接导致了徐闻、合浦等地的衰微，为番禺港潜在优势的发挥提供了机遇。建安二十二年（公元217年），交州刺史步骘（zhì）将治所从广信（今广东封开）迁往番禺，岭南的政治中心回归番禺，这无疑提高了番禺作为一个港市的地位。黄武五年（公元226年），孙吴政权决定，划分合浦以北地区为广州，广州由此得名。由广州首航，穿越海南岛东部、西沙群岛至东南亚的航线一经开通，就奠定了广州作为南海交通枢纽的地位。东晋南朝时期，历代政权都对海外贸易持积极态度。因此，许多商人、僧侣和中外使节都沿着海上丝绸之路，络绎不绝地往返中国。东晋时期，高僧法显曾经从印度经海路回国，在他的《佛国记》中，记载了从今印度、斯里兰卡到广州之间的航程路线。前来广州通商的国家和地区已有大秦、天竺、狮子国（今斯里兰卡）、占城（今越南南部）、扶南（今柬埔寨）等，海上贸易日益兴盛。

唐朝是开辟海上丝绸之路新纪元的重要历史时期。广州在当时已是全国最大的港口城市，成为海外交通和贸易的中心，也是世界著名的商业大港。唐朝国家安定统一，纺织业和制瓷业等手工业发展超过前代，而且当时的造船技术有了新的进步，可以制造一种名叫"俞大娘"的大舶，能载重万石（一石约一百二十斤，石 dàn），这些都为海上丝绸之路的繁荣提供了足够的物质条件。不仅如此，唐朝实施对外开放政策，广泛与世界交往。当时世界各国的人们可以通过海上和陆上丝绸之路到达中国，真可谓是"条条道路通大唐"。《新唐书·地理志》中详细记载了以广州为起点的海上丝绸之路。这条"广州通海夷道"是当时世界上最长的航线，全长约1.4万千米，是中国和亚非人民友好往来的历史见证。广州的对外贸易十分繁盛，许多海外的奇珍异宝和香料等舶来品都聚集于此。不少外商在广州经营珠宝、香料等生意，吸引各地客商前来交易，形成了国际性的商业市场。而中国的丝绸、漆器和陶瓷等出口商品也以广州为集散地。此外，在唐朝还有很多外国商人在广州留居，有大食（阿拉伯帝国）、波斯、天竺、狮子国和真腊（今柬埔寨）等国的商人，据说有十余万之多，有的甚至留居数十年未归。唐朝为了便于管理，指定地点作为外国人的居住地——"蕃坊"，在蕃坊中设有蕃长处理其内部事务。

宋元时期，广州继续发展。开宝四年（公元971年），北宋朝廷在广州设立市舶司（相当于现今的海关），以掌管中外海上贸易。南宋由于偏安江南，以东南沿海为其经济重心，因此更加重视海上贸易。两宋时期一改过去等外商前来贸易的被动局面，积极走出海外，力求掌握南海与印度洋贸易的主动权。宋朝的制瓷业十分发达，当时宋瓷从海上丝绸之路大量输出，曾销往日本、占城、真腊、天竺、大食，甚至远达东非海岸的层拔（今坦桑尼亚）等广大亚非地区。除瓷器外，传统的丝织品及茶叶等也占据重要地位。通过以广州为起点的海上丝绸之路，中国与海外的交往比之前更加广泛，主要以菲律宾群岛和印度洋沿岸的东非海岸为主。但是到了南宋时期，由于泉州为临安（今浙江杭州）输送舶来品比广州更加便捷，再加上福建的手工业如铜器、铁器、陶瓷、纺织等发展显著，使得泉州地区的海外贸易得到迅猛发展，一跃成为当时中国的第一大港。宋朝的广州依然保持其繁盛的格局，是船舶航行与海外商货的集中地。有元一代，广州作为中国主港的地位虽被泉州取代，但仍不失为中国的第二大港市，依然在海上丝绸之路上发挥重要作用。

明清时期，统治者为了巩固政权，采取海禁政策。明朝建立后，朝廷明令不准私人从事海外贸易，违者给予严厉惩处，只保留了官方有限的朝贡贸易，这严重阻碍了商品经济的发展。即使如此，广州仍是对外贸易的主要港口。明初于广州设置市舶提举司，指定广州为东南亚、南亚地区许多国家的通商口岸，因此广州占据了海外贸易的绝大部分。明嘉靖四十四年（公元1565年）后，西班牙每年派一至四艘载重300吨至1000吨的帆船横渡太平洋，来往于墨西哥的阿卡普尔科与菲律宾的马尼拉之间，人们称之为"马尼拉大帆船"。帆船运送的主要是秘鲁、墨西哥等地出产的白银，以换取马尼拉市场上的中国生丝和丝绸。这样，以丝货为主的中国商品源源不断地流入欧洲，广州也成为这条海上丝绸之路上重要的贸易基地，成为早期经济全球化中的重要一环。

清朝初期，为了消灭台湾郑氏的抗清势力，在严禁私人下海贸易的同时，还将沿海人民迁入内地，海外贸易遭到沉重的打击。随着清朝统治逐渐巩固，康熙二十四年（公元1685年）取消禁海令，设立了粤海关（今广州）、闽海关（今福建漳州）、浙海关（今浙江宁波）和江海关（今上海），负责管理海外贸易。后来为了防止西方殖民者的侵略，乾隆二十二年（公元1757年）关闭江、浙、闽三处海关，把中西贸易仅限于广州一口，并由广州十三行负责同外商进行贸易并管理约束外商。从此广州独占中国对外贸易的鳌头，一直保持到鸦片战争前夕。鸦片战争后，中国海权丧失，沦为西方列强的半殖民地。广州作为通商口岸被迫开放，成为西方倾销商品和掠夺原料的市场。从此，广州港一蹶不振。

二、东方第一大港：泉州

泉州地处福建东南沿海，与宝岛台湾隔海相望，其海岸线蜿蜒曲折，形成了众多海湾，是天然的避风港口；其水域宽阔、航道深邃，比较适宜停驻大型船舶。同时泉州港地处晋江下游,内陆河道通畅,可达福建的大部分地区,货物运输极为便捷。当地的先民充分利用这些得天独厚的航海条件,在沿海地带长期经营,形成了"三湾"(泉州湾、围头湾、深沪湾)及两江(晋江、洛阳江)范围内、由众多码头构成的集群港,与世界上许多国家和地区进行频繁的海上贸易活动,孕育出了海上丝绸之路上的一颗璀璨明珠——泉州。

泉州在先秦时期属于百越之地。秦始皇统一中国后,泉州归闽中郡管辖。汉朝属闽越国。直至隋开皇九年(公元589年),"泉州"的名字才正式出现。此后,泉州的名称与建置多有变更。本书中所说的"泉州",是指唐朝以后的泉州,也就是今天的泉州市及其周边地区。早在南北朝时期,泉州港就已经成为对外交通的重要港口之一。当时由于中原战乱频繁,北方大量汉族人口相继南迁入闽,不仅为泉州增加了大量的劳动力,而且带来了先进的文化和生产技术,促进了泉州地区社会经济的发展。当时泉州的海上交通初步形成,出现了以梁安港为中心的海外贸易港口。

唐朝是我国国力强盛与经济繁荣的时期。此时的福建地区得到了进一步开发,泉州经济也日渐繁荣。泉州地区的农田水利得到改善,人口日益增多,纺织业、制瓷业等手工业显著进步,为海外贸易的开展提供了必要的物质条件。开元六年(公元718年),泉州正式设置州治。元和六年(公元811年),泉州提升为上州,成为闽南地区政治、经济、文化的中心。公元7世纪中叶,阿拉伯帝国崛起。阿拉伯商人积极从事海洋贸易,他们直达我国东南沿海经营丝绸、瓷器、香料等行业，大大刺激了泉州港的进一步繁荣。公元9世纪中叶，阿拉伯著名地理学者伊本·胡尔达兹比赫在他所著的《道里邦国志》（又名《道程与郡国志》）一书中，把泉州同交州（今越南河内东）、广州、扬州并列为中国对外的四大贸易港。唐朝末年，广州被黄巢起义军攻占，造成了巨大破坏，这也间接促进了泉州港的发展。

五代十国时期，福建地区割据独立，建立了闽国。王审知统治闽国期间，采取了"保境安民"的政策，对外同南方诸邻国友好相处，对内励精图治、轻徭薄赋，使福建地区的生产得到发展。此后，泉州刺史王延彬忠实执行了王审知"招徕海中蛮夷商贾"的政策，充分发挥泉州港的优势，极力提倡航运。留从效执政后，不仅积极发展海外贸易，还进行了扩展泉州城的伟大工程，方便了货物的运输和商旅的活动。新城建立起来后，还沿城种植了著名的风景树刺桐。每当春天来临，火红的刺桐花和高大的城墙相映成趣，给人以深刻印象。外来商旅见此盛景，便以"刺桐"来命名泉州，"刺桐港"这个名字也广泛流传于当时的海上丝绸之路沿线各处。之后，陈洪进归降于北宋，使得泉州港免受战火摧残，海外贸易得以继续发展。

宋元时期，泉州港的对外交通日益繁盛。北宋哲宗元祐二年（公元1087年），泉州正式设立市舶司，标志着泉州进入我国最重要的对外贸易港行列。设司以后，泉州港可以直接发船到海外进行贸易，也能接纳外来商船，进出口贸易得到迅速发展。同时，城内洛阳桥的建成，大大改善了泉州的陆路交通，使商品流通更加便捷，为泉州港的繁盛创造了良好的交通条件。在这种情况下，泉州摆脱了广州港的附庸地位，得以独立开港，这是一个重要转变。泉州开港以后，北上可经过杭州、明州（今浙江宁波）而通达高丽（今朝鲜半岛）、日本，为广州港所不及。南宋王朝建立之后，以东南地区为其统治重心，为了增加财政收入，特别重视发展海外贸易。当时的都城临安成为全国最大的消费城市，泉州为临安输送舶来品远较广州便捷，颇占地利。而且，泉州的陶瓷业发达，其纺织业也有了很大的发展，为海外贸易提供大量的外销产品。因此，南宋末年，泉州港超越广州港，成为当时中国的第一大港。

元朝，泉州港依然保持着海上丝绸之路第一主港的地位。此时，泉州港的海外贸易达到空前繁荣的阶段。著名的欧洲旅行家马可·波罗曾经赞美泉州港是当时世界上最大的良港之一。而且，当时的外国人在泉州经商、游历和传教数以万计，以阿拉伯人为主，泉州成为"民夷杂处"的著名海港城市。

明清时期，泉州的对外贸易和文化交流受到严重削弱，但泉州百姓仍然通过私商贸易等各种渠道发展对外贸易和友好往来。明永乐十五年（公元1417年），伟大的航海家郑和第五次奉命出使西洋。郑和在泉州地区招募水手，组织朝贡物品，并将泉州的文化带到东南亚地区，这次远航成为泉州港最后的余晖。之后，朝廷为防止民众私通倭寇，改变了以往对外开放的政策，推行"禁海"。虽然同样设立了市舶司，但规定泉州港只允许通商琉球（今日本冲绳）一国，与昔日可通往世界各个国家和地区大不相同，导致泉州的海外交通衰落。

明成化八年（公元1472年），泉州的市舶司迁往福州，标志着泉州港四百年外贸港地位的终结。清朝初期，郑成功占据台湾与清廷对抗，朝廷下令迁界禁海，使泉州的社会经济遭到严重破坏。大批先民为了生计离开故土，他们乘海船，赴台湾、下南洋。这些背井离乡、为生存打拼的泉州移民依靠自己勤劳的双手，终于在落脚之地闯出一番成绩。现如今，泉州籍华人华侨已成为海外华人华侨的中坚力量，泉州也成为台湾同胞的主要祖籍地。

三、"神舟"之港：宁波

宁波位于长江三角洲地区，北面濒临杭州湾，东面依靠东海，与舟山群岛隔海相望；宁波处于我国海岸线的中段，扼南北航路之要冲，具有十分便利的航海条件。当地的先民开凿了浙东运河，将宁波与钱塘江连接起来，使其具有了海河共运的潜在优势。隋朝开通大运河后，浙东运河又成为大运河的自然延伸段，从而构成了一个完整的南北水运体系，宁波则成为大运河出海口。通过钱塘江、长江和大运河等众多水系，宁波港可以运输众多舶来品到达内陆地区，内陆地区的各种商品也可以运送至港口。在得天独厚的自然条件下，"神舟"之港宁波逐渐发展壮大，在海上丝绸之路的发展中占据着重要地位。

宁波是我国开展海外贸易较早的港口城市。据考古发现，浙江宁波的河姆渡遗址中发掘出了距今约7000年的木桨和陶舟，说明当时的宁波先民已经从事水上活动。传说在四千多年前的夏朝时期，大禹划分"九州"，宁波隶属于古扬州。那时的扬州不是现在的江苏扬州，而是泛指江南地区的广大水乡。春秋时期，宁波为越国领地。秦始皇统一中国后，在今天的宁波地区正式设立了鄞（yín）、鄮（mào）和句章三县，归属会稽（kuài jī）郡。唐朝改为明州。元朝改称庆元路。到了明朝，明太祖朱元璋取"海定则波宁"之义，将明州改称为宁波，之后一直沿用至今。

春秋战国时期，宁波境内的第一个港口——句章港出现。句章港的建立为人们从陆地走向海洋奠定了基础，间接推动了古代宁波的对外交流。秦汉时期，句章成为海上交通与军事行动的港口。西汉元鼎五年（公元前112年），东越王余善反叛朝廷。次年，汉武帝派遣横海将军韩说从"句章浮海"，配合其他军队共同镇压了东越王的叛乱，这是史书中关于宁波大规模航海的最早记录。然而此时宁波地区的社会生产力尚不发达，句章港的对外经济贸易活动很少，只充当着军事港口的作用。东汉末年，宁波地区的海上贸易开始兴起，一些舶来品已经通过海上丝绸之路传至宁波，也有一些外国商人乘坐船舶到达宁波。此外，佛教也通过海路传入宁波。东吴时期，印度高僧那罗延从海道来到句章，创建了浙江地区最早的寺庙——五磊寺，距今已有一千七百多年的历史。西晋时期，阿育王寺与天童寺等也兴建起来，这些都是宁波地区与海外文化交流的见证。之后，隋朝开通了纵贯南北的大运河，扩展了宁波港的经济腹地，为后来宁波海上丝绸之路港口城市的形成奠定了良好的基础。

到了唐朝，由于造船业和航海业的进步，加上唐朝实行比较开明的对外政策，使得宁波地区的海外贸易迅速发展。开元二十六年（公元738年），浙东鄮县从越州单独划出，设立明州，由县级建制提升为州级建制。经过半个多世纪的发展，长庆元年（公元821年），明州正式在"三江口"建城，标志着明州已经正式成为海上丝绸之路的港口城市，并跻身于广州、扬州、明州（另说泉州）、交州四大名港之列。这一时期，宁波的海外贸易日益繁荣。明州自古以来就盛产瓷器和丝绸，陶瓷外销是促进宁波对外贸易发展和港口兴盛的强大动力。除此之外，唐朝的明州也是日本遣唐使的主要登陆港口之一，与日本人民的友好往来相当频繁。

五代十国时期，宁波的海外贸易继续发展。吴越国统治的浙江政局比较安定，经济有所发展，为宁波海外贸易的发展提供了有利的条件。吴越王钱镠（liú）专门设立了"沿海博易务"，主管南北货物交易。同时还采取积极发展海外贸易的方针，广招海贾，大兴舟楫之利。除加强与日本的贸易外，还开创了与高丽的通商。这时宁波地区还增办了新的窑场，瓷器的外销量有所增长，大多输往日本、高丽，深受海外大众欢迎。

宋元时期，宁波的海外贸易达到鼎盛，明州（元朝改为庆元）与广州、泉州成为中国的三大海外贸易港。这一时期，宁波除了和日本、高丽继续交往外，还逐渐发展了与东南亚、南亚和阿拉伯等国家和地区的通商贸易，输出的物品种类增多，贸易额不断扩大。宁波港的主要出口商品有瓷器、丝绸和茶叶等；其主要进口商品有东南亚地区的香料、日本的木材，还有朝鲜半岛的药材等。北宋咸平二年（公元999年），朝廷在明州设置市舶司，管理海外贸易，专门负责同日本、高丽进行通商贸易。明州港的造船技术十分发达。元丰元年（公元1078年），明州奉命承造了两艘船只，每艘船的吨位巨大，可以乘载五六百人。这两艘"神舟"代表宋朝出使高丽，引得高丽人叹为观止，并争相观看。从此，宁波"神舟"之港的美名流传开来。南宋初期，受宋金战争的影响，当时的北方人民大批南迁，带来了充足的劳动力和先进的生产技术，促进了浙江商品经济的繁荣，为宁波海外贸易的发展提供了充足的货源。此外，南宋统治者对海外贸易采取鼓励政策，注重经营东南海上贸易以扩大财政收入。因此，距离都城临安不远的明州港就成了海外诸国使者、商贾和僧侣们的入境之地，进口货物也多由明州转运全国各地，宁波的海外贸易与交流到达了高潮。元朝在占领宁波地区后设立了庆元路，并于至元十四年（公元1277年）在庆元设置了市舶司，推行比南宋更加开放的外贸政策，使得庆元港比以前更加繁荣。

明清时期，宁波的海外贸易陷入衰退。明朝实行海禁政策，不许民众自由出海贸易，同时严格限制外国商人来华贸易。明初于宁波设置市舶提举司，指定其为明朝与日本进行往来的唯一合法口岸。此外，明朝规定日本人只能每隔十年来一次中国。在此背景下，宁波正常的海外贸易受到严重打击，其海外贸易被迫通过非法走私的形式才得以进行，宁波地区的双屿港一度是浙江乃至江南最大的私商港。清初，宁波是全国武装抗清最激烈、最悲壮的地区之一。清朝占领宁波后，为了镇压东南沿海的反清力量，实施了"迁界迁海"的政策，使宁波与海上丝绸之路的联系几乎断绝。

随着清朝政权的巩固,康熙二十四年(公元1685年)取消了禁海令,在全国设立了粤海关、闽海关、浙海关和江海关,负责管理海外贸易,其中浙海关就设在宁波城内。这样,宁波的海上丝绸之路复苏。18世纪前后,英国人在宁波沿海进行了较频繁的贸易活动。乾隆二十二年(公元1757年),由于清朝规定英国人只能在广州进行通商,因此宁波与西方国家的关系被迫断绝。同时,日本德川幕府长期实行"锁国"政策,只开放长崎作为唯一的外贸港口,并不断强化对海外贸易活动的控制。这样,宁波与日本的贸易也受到了严重的制约。到1840年鸦片战争爆发之前,宁波的海上丝绸之路陷入停滞不前的状态,只能非常艰难而曲折地延续着。第一次鸦片战争后,英国逼迫清政府签订《南京条约》，强迫中国开放广州、厦门、福州、宁波和上海五个对外通商口岸。从此，我国在很长一段时间之内受到西方列强的压迫与控制，海上丝绸之路进入了衰落阶段。

后来居上的海上丝绸之路

隋唐以来，随着对海洋的探索，海上丝绸之路迅速发展起来。

唐朝是中国历史上一个非常强大的封建统一王朝，尤其是唐朝前期，在唐太宗、武则天、唐玄宗等人的英明治理下，相继出现了贞观之治与开元盛世，成为当时世界第一的强国。均田制、租庸调制及屯田制等各种农业政策的实施以及大量水利工程的兴建，推动唐朝农业迅速发展，一时间国库公府的粮仓堆积如山，百姓家家粮有富余。农业的蓬勃发展促进了手工业的进步。瓷器方面，在南方地区，浙江越窑的青瓷以瓷质细腻、线条流畅、颜色素雅大方闻名全国；在北方地区，河北邢窑的白瓷则色泽洁白如雪、温润如玉，同样受到广大民众的热烈追捧，从而形成"南青北白"的发展格局。经济的繁荣自然会推动对外贸易的发展，无论是西部内陆地区的陆上丝绸之路，还是东部沿海地区的海上丝绸之路，都在这一时期有了很大的发展。但是安史之乱后，北方地区陷入割据混战的局面，吐蕃趁机将势力侵入到陇右河西地区，导致陆上丝绸之路中断，发展进程被打破，最终逐渐走向衰落。与此同时，南方地区却因为受战争影响较小，且自然条件优越，经济发展更加迅速，因此海上丝绸之路得以继续发展，并逐渐超过陆上丝绸之路，成为中西方物质文明交流的主要桥梁。

一、唐朝的广州通海夷道

贾耽是唐朝宰相也是著名地理学家。他写过许多地理著作，其中《皇华四达记》是一本专门介绍唐朝域外地理知识的著作。他在该书中，以《广州通海夷道》为篇名，介绍了一条在当时从中国东南沿海通往东南亚、印度洋北部诸国、波斯湾沿岸，及非洲东海岸的海上航路。虽然这本书已经佚亡，但是《广州通海夷道》这一章内容被欧阳修辑录到《新唐书·地理志》中。根据记载可知，这条路线以广州为出发点，长达1.4万千米，是当时世界上最长的远洋航线。广州通海夷道成为唐朝海上丝绸之路繁荣的象征。

唐朝的造船业与航海技术的进步是海上丝绸之路发展的另一重要推力。船是发展海外贸易的必备工具，船的好坏决定船能走多远，也决定了海上贸易的发展范围有多大。唐朝，中国的造船技术有了很大的提高。

除了造船技术的进步外，航海技术的进步也是推动海上贸易发展的一大重要因素。在没有内燃机与发动机的时代，船的航行主要借助风力,因此学会观察和借助风力显得尤为重要。在唐朝，人们已经观察到，在赤道以北的西太平洋附近海域以及印度洋海域冬春时节吹东北信风，夏秋季节则是西南季风，因此当人们要从中国行驶到南亚以及阿拉伯地区时，往往选在秋冬季节，反之则选在夏秋季节。这些都对海上贸易的发展起着重要的推动作用。

除此之外，海上丝绸之路得以快速发展与

其本身的优势有很大关系。与陆上丝绸之路相比，海上丝绸之路的风险性更低。陆上丝绸之路的自然条件极其恶劣，不仅有一望无际、人迹罕至的戈壁荒漠，还有斜插入云、陡峭险峻的雪山，豺狼虎豹更是应有尽有。此外，沿途还时常会有匪盗打劫，甚至谋财害命。因此陆上丝绸之路充满凶险，一不小心就有可能成为一条不归路。而海上丝绸之路虽然也面临狂风暴雨、海盗猖獗的风险，但是沿途有许多岛屿可以构筑物资补给站，一旦形成固定航线，可以规避许多风险；从政治上看，西域地区小国林立，政治形势复杂，唐初在唐朝强大的武力震慑下，西域各国基本上相安无事，但是安史之乱以后，西域动荡，小国纷争不断，丝绸之路上不仅关卡重重而且危机四伏，而海上丝绸之路的各个国家之间距离较远，矛盾较小且民风淳朴，政治环境相对稳定；从商业角度来看，陆上丝绸之路只能用人力或畜力来搬运，运输量小，破损率高，尤其是瓷器这种不易携带的易碎物品几乎很难完整无缺地运到中亚、西亚地区，但是在海上丝绸之路，使用的载货工具是船只，船只的运货能力很大，不仅可以存放大量的货物在船舱，而且能够减少搬动次数以降低破损率，有利于货物保存。同时，与陆上丝绸之路相比，海上丝绸之路可辐射的贸易范围极大，东边可以到达日本，西边辐射到阿拉伯半岛、非洲，及地中海沿岸。海上丝绸之路的优势如此明显，因此才能在唐朝之后迅速发展起来。

在以上因素的共同作用下，唐朝的海上丝绸之路发展非常迅速，像广州、泉州、明州这样的近海港口城市每天都是人来人往，码头上来往货船首尾相连,船舱里各种奇珍异宝更是数不胜数。鉴于广州地区的海外贸易数额非常庞大,唐朝政府专门在广州设立了市舶使的职位,由政府指派官员担任,专门负责管理对外贸易的一切事务。

二、繁盛的宋元时期海路

宋太祖赵匡胤在建立宋朝之初就已经意识到发展海外贸易的重要性,在"开洋裕国"的对外贸易思想下,宋朝不仅进一步确立和完善市舶司制度,还相继制定了许多鼓励对外贸易的措施。到了南宋时期,朝廷偏居南方一隅,财源更加短缺,海外贸易更是成了朝廷最大的税款来源,对发展海外贸易的支持力度有增无减。

元朝建立了一个幅员辽阔的庞大帝国,不

仅打破了以往的国别障碍，还有利于各民族之间的融合与交流。在多元文化背景之下，元朝统治者同样重视发展海路交通与海上贸易，不仅继续推行一系列的鼓励措施，还派遣大量使者到海外各国建立官方联系，有的甚至不惜使用武力。终元一代，统治者对推动海外贸易的发展。始终保持着极大的热情。有了统治者的大力支持，海上丝绸之路在宋元时期进入全盛时代。

在大海上航行，最重要的就是要辨别方向。大海一望无际，人如一粒沙尘，在缺少固定事物做参考的情况下，迷失方向是常有的事。宋朝以前，人们主要依靠海岸线及附近岛屿的分布来判断自己所在的位置。宋朝以后，指南针成为舟师辨别方向的主要工具。指南针的发明与改进及其在航海上的广泛应用对宋元时期的海路发展起着极大的推动作用。

有了政策支持与技术保障，宋元时期的海路呈现出一片繁荣景象，中国的瓷器、茶叶、丝绸等源源不断地销往国外，国外的香料、奇珍异兽等也传入中国。随着与各国之间的交往越来越多，人们对这些来自不同国家不同地区的人充满了好奇心。各种记载、介绍域外之国风土人情与地理地貌的地理著作层出不穷。

三、海上丝绸之路的亲历者：义净、鉴真、圆仁

1.义净远赴西洋求法

义净俗姓张，字文明，范阳（今河北涿州）人。他从小就痴迷于佛法，曾先后到洛阳、长安遍访高僧，求经问道。十五岁的时候，因为

向往和崇拜法显和玄奘西行求法的伟大壮举，萌发了到天竺求法的念头。

咸亨二年（公元671年），义净偕同弟子善行从广州的光孝寺出发，经由海路去往天竺。在这以前，中国的求法高僧主要是通过陆上丝绸之路前往天竺。例如玄奘和法显。玄奘是往返都经由陆路；而法显虽然回来的时候走的是海路，但是他去的时候仍旧是走的陆路。而此后的很长一段时间里，都没有人尝试直接走海路到天竺取经，直到义净出现。唐中期时，海上丝绸之路已经有了很大的发展，越来越多的外国商人经由海路来到中国东南沿海地区。此时西域地区正值动荡，冲突不断，因此义净选择从海路去天竺，不仅成功率高，安全性也更有保障。但这仍旧是一条没有人尝试过的路，其危险性与艰辛程度不言而喻。义净与善行乘船在海上漂流了二十多天，才到达室利佛逝（今印度尼西亚苏门答腊）。对于不常接触大海的人来说，坐船不仅会有惊涛骇浪带来的恐惧，还可能会有晕船带来的不适。善行就因为长时间的不适与水土不服，身患重病，无法继续前行。失去同伴的义净没有选择放弃，而是继续一往无前。此后的几年时间里，义净先后经过末罗瑜（今印度尼西亚占碑）、羯荼（jié tú，今马来西亚西部）等三十多个国家，最后到达天竺。他不仅参观了鸡足山、祇园精舍等佛教圣地，还在著名的佛教学术中心那烂陀寺修学十一年，其间更是到各地拜访名僧，搜集抄写无数的佛教典籍。在这一过程中，他也曾患病，也曾遭遇过强盗打劫，甚至受尽凌辱，险象环生，但是义净凭借内心强大的信念坚持了下来。

证圣元年（公元695年），义净返回洛阳，带回佛教典籍四百多部，舍利三百多粒，不仅受到武则天的亲自迎接，还被赐予"三藏"的称号。义净回国后翻译了大量的佛经，还撰写了《南海寄归内法传》与《大唐西域求法高僧传》两部著作，为后人了解当时佛教的发展情况提供了重要资料。

1983年，为了纪念这位伟大唐朝高僧、旅行家和翻译家，国务院决定，将位于我国南海南沙群岛北康暗沙北部的一处暗礁命名为"义净礁"。

2.鉴真六渡东海传真经

日本奈良有一座寺院。明显不同于日本其他寺院，不仅造型华丽，有唐朝遗风，而且庭院中植满来自中国的松树、桂花、牡丹等，这座寺院就是著名的唐招提寺。说起唐招提寺，就不得不提起一个人，如果没有他，就不会有这座寺院，这个人就是来自中国的鉴真高僧。

鉴真是唐朝著名高僧，俗姓淳于，扬州人，佛法造诣极高，经常在扬州一带开坛讲授戒律。开元二十一年（公元733年），由于日本佛经不全，且没有传戒的僧人，佛教发展陷入困境。为了解决困境，日本元兴寺的住持派荣睿和普照两位弟子跟随遣唐使来到大唐，邀请大唐高僧到日本传法。他们找到了正在扬州讲道的鉴真。鉴真认为，日本是一个与佛法结缘的国家，于是欣然接受邀请，开始准备东渡日本。然而谁都没有想到，这条路居然会如此艰难曲折。在接下来的十一年中，鉴真一行人接连遭遇五次失败，直到第六次才成功东渡日本。

天宝二年（公元743年），鉴真率领众弟

子开始第一次东渡。这次东渡得到了唐朝政府的支持，按理说应该相当顺利，然而却因为鉴真的两位弟子为了争夺随鉴真东渡的名额而产生了内斗，失去了朝廷的财政支持，最终东渡计划破产；八月，荣睿和普照再次恳请鉴真东渡日本，鉴真被他们的真诚所打动，于是自己出钱购买船只，招募水手准备东渡，然而这一次他们却遭遇狂风恶浪，被迫止步于江苏沿岸，第二次东渡宣告失败；经过一番休整，鉴真等人调整状态，决定继续东渡。然而上天似乎故意要跟鉴真他们开个玩笑，在行驶到名山附近时再次遭遇狂风暴雨，刚修补好的旧船再次触礁，沉入海底。鉴真一行人在一无人小岛上失去了淡水、食物等生存物资，饥渴多天后，终于得到附近渔民的救助脱险。但是与此同时，这次行动也引起了唐朝政府的注意，为往后的行动增加了许多难度;天宝三年(公元744年),鉴真暗地筹集经费,并且决定从官府意想不到的福州出发。然而在到达福州之前,其弟子灵佑因不忍师父冒着生命危险远渡重洋,竟然联合政府将其中途拦下,至此第四次东渡也未能成行;天宝七年(公元748年),鉴真再次接受荣睿以及普照的邀请,从扬州开始东渡日本。然而这一次他们非常不幸,再次遭遇极端天气,船只在海上如同无根浮萍般任意漂荡,在经过长达十四天的漂流之后,船竟然漂到了鲜花盛开、百果飘香的海南岛,这与他们原本的目的地完全相反。更加不幸的是,在返回扬州的途中,鉴真的许多弟子先后亡故,就连他自己都因为中了暑毒而双目失明;天宝十二年(公元753年),双目失明的鉴真已经六十多岁了,但是在接到日本使者的邀请后,为了弘扬佛法,他再一次义无反顾地踏上东渡之路。有了更加周密的计划之后,第六次东渡终于取得了成功。

鉴真受尽磨难,饱经艰辛,终于抵达日本。他这种百折不挠的精神与顽强不屈的毅力令所有人敬佩。他受到了日本天皇以及民众的热烈欢迎。在这里,鉴真不仅传律授戒,还把中国大量的先进文化与科学技术介绍到日本。唐招提寺便是在鉴真的指导下建造的。

3.圆仁入唐求法巡礼

圆仁,日本佛教天台宗的创始人,俗姓壬生,幼年时丧父,后来皈依佛门,师从日本著名的广智高僧。圆仁十五岁时,在广智高僧的引荐下,开始跟随被誉为日本天台宗始祖的最澄法师学习密教。圆仁天资聪颖又勤奋好学,二十岁的时候就通过了官试,取得了天台宗佛学研究的高级学位。最澄法师圆寂后，圆仁便承担起教师的职责，开坛弘法。在入唐之前，圆仁已经是日本有名的高僧。日本的天台宗主要是从中国引入，但是由于缺少经卷以及高僧传法，日本的天台宗还有许多教义混乱无解。为了解决心中疑惑，圆仁决定入唐求法。

开成三年（公元838年），圆仁偕弟子跟随日本遣唐使团，以"请益僧"的身份入唐求法。其实在此之前，圆仁已经有过两次渡海的经历，都因为"私渡"被捕。到了第三次，圆仁终于取得官方通行证，名正言顺地来到中国。公元838年六月，圆仁所在的船队在经历十九天的风浪颠簸、九死一生后，终于平安抵达扬州。此后，圆仁便在中国开始了漫长的游学过程。圆仁在中国待了近十年，其间遍访各地名僧，足迹遍布山西、陕西、河南、河北、山东、江苏以及安徽等地。中国佛教在李世民、武则天等统治者的支持下，发展越发兴盛。到了唐朝中期，僧尼数量的不断增加以及寺院经济的快速扩张，已经严重影响到国家的财政收入，这种现象引起了统治者的重视。崇信道教厌恶佛教的唐武宗即位以后，很快便在宰相李德裕的支持下推行一系列"毁佛"政策。在这些政策的影响下，圆仁也被迫离开中国，返回日本。

圆仁归国后，带回了大量的佛教经书、佛像、法器等，受到日本天皇的信任与重视。在天皇的支持下，圆仁在比叡山建立总持院，弘扬大乘戒律，推动日本天台宗进一步发展。此外，他还根据自己的经历，用汉文撰写成一部日记体的著作《入唐求法巡礼行记》。在这本书中，他记录了自己在中国九年多时间里的所见所闻，涵盖内容极广，除了与佛教教义相关的内容外，还涉及大量社会民生的内容，成为研究唐朝中晚期社会形态的重要史料之一。同时这部著作在日本影响也非常大，地位非常高，日本人将其与玄奘的《大唐西域记》及马可·波罗的《东方见闻录》，并称为世界文化交流的三大游记。公元864年，七十一岁高龄的圆仁坐化比叡山，清和天皇赐谥"慈觉大师"。

历史洪流中的海上丝绸之路

一、元明清时期的海禁

　　海禁是几乎贯穿我国整个封建社会后半期的一项对外政策。所谓海禁,一方面,禁止民间任何人私自出海进行贸易;另一方面,官方与海外的交往也被限制在严格的范围之内。从元朝实行海禁之始,不同历史时期的海禁有着不同的内涵。

1.元朝的海禁

1260年,成吉思汗的孙子忽必烈自称大蒙古国大汗。1271年,忽必烈正式称帝,即元世祖。可称帝后的元世祖并不满足于当时的统治区域,在灭亡南宋后还派兵向海外出征,企图扩大疆域。当时的南海诸国中,属爪哇国实力最为强大。元世祖认为,只要控制住爪哇,其余南海小国均会归附元朝。然而攻打爪哇的战役并不像想象中那样顺利。元朝铁骑虽然在草原上所向披靡,但在跨海战役中却屡屡受挫,战争打了一年多,最后仍以失败告终。在战争期间,元世祖为了防止有人通过海路向南海诸国运送武器军械和偷递情报,下令海禁,不允许沿海居民、商队私自出海,这是我国封建王朝海禁的起源。然而这次海禁随着海外战争的失败不了了之。其后元朝虽然断断续续进行了四次海禁，但都无疾而终。

究其根源，一方面，海外贸易带回的海外奢侈品能够满足元朝统治者奢华糜烂的生活需求；另一方面，海外贸易带来的巨大收益可以弥补元朝政府连年的财政亏空。元朝的建立者是来自北方草原的游牧民族，他们的日常物资除了在草原上牧养的牲畜之外，其余大多是南下入侵中原王朝或从周边小国掳掠而来，远不如中原地区富庶。入主中原之后，元朝统治者对物质生活的享受要求达到了空前的程度，因此海外贸易带来的奇珍异宝是元朝统治阶级所不忍舍弃的。其次，元朝在很长时间内采用的是"官本船"制度。所谓"官本船"，就是由政府出钱造船，委托商人经营的官本商办海外贸易模式，事成之后政府分得获利的七成，这样丰厚的利润极大地弥补了元朝国库的亏空。由于海外贸易获利颇丰,元朝政府不时颁布禁令,禁止私商下海,妄图垄断海外贸易。但元朝的海禁时禁时废,海禁令颁布之后,每次都只维持了很短一段时间。

2.明朝的海禁

明朝建立之初,基本沿袭前朝的朝贡贸易体系,民间的私人贸易只占海外贸易的很小一部分。在朝贡贸易中,外国使臣携礼物面见中国皇帝,而中国除了负担使臣在华的一切吃穿生活用度之外,在他们回国时,往往还会赠送价值是其所带礼物数倍甚至数十倍的"回礼"。朝贡贸易以"厚往薄来,倍尝其价"为主要特征,为的不是营利,而是显示明朝天朝上国的雄风,显示自己胸襟的博大。长此以往,明朝政府不堪重负。但由于中国长期以来重农抑商的基本国策，私人海外贸易遭到很大限制，并不能给明朝带来可观的利润。正在此时，与中国相隔不远的日本进入分裂时期，国内封建诸侯征战不断，很多日本武士在国内无法生存，流亡到了海外，在中国和日本之间的海上形成大规模的海盗组织，他们抢劫来往货船，甚至侵袭明朝沿海的居民，形成了我国历史上所说的"倭寇"。再加上洪武十三年（公元1380年）的胡惟庸案时，有胡惟庸勾结海外势力企图推翻明朝政权的传言，明太祖对此深恶痛绝，于是下令采取严格的海禁政策，规定沿海居民"片板不得下海"，甚至在洪武十九年（公元1386年）下令将沿海居住的居民迁往内陆居住。

这样严格且盲目的海禁政策，虽然在一定程度上确实起到了维护沿海治安的作用，但是世代靠海而生的沿海民众用来维持生计的渔业生产和海外贸易被禁止,导致人民无以为生,所以经常联合起来反抗朝廷。为了生存,很多人铤而走险,选择以走私来获取养家的钱粮。到嘉靖年间,这些人甚至发展成沿海有组织的走私集团。这些走私集团在朝廷出兵镇压时,联合海外的倭寇进行反抗,一时间成了朝廷的心腹大患。

1567年,明穆宗面对沿海的种种问题,采取了与前朝不同的政治举措——解除海禁。虽然海禁政策只是在部分口岸解除,但这样一来,原本非法的私人贸易还是获得了合法地位,再加上海外贸易带来的丰厚利润,明朝的海上贸易迅速发展起来。由于明穆宗年号隆庆,这一历史事件因此被称为"隆庆开关"。开关之后,虽然在贸易方面仍有诸多限制,但贸易地位的合法化还是使得沿海贸易进入了一个快速发展的时期，中国的瓷器、茶叶、丝绸被运往海外，受到了海外各国的欢迎。海外的商品需求带动着国内的纺织业、种植业、造船业迅速发展。同时进出口贸易带来的丰厚利润给明朝带来了不菲的财政收入。明穆宗在位仅六年，就给明朝带来了巨额的经济收益，流入明朝的白银达到了惊人的数目。

3.清朝的海禁

1644年清军入关，崇祯皇帝在煤山（今北京景山）自缢，明朝灭亡。但清朝建立之后，各地反清势力不断，以东南沿海郑成功领导的郑家军最为突出。郑成功在明朝灭亡之后退居到了厦门一带，组织兵力坚决进行抗清斗争。由于郑成功的军队纪律严明、训练规范、战斗力很强，一时间成了清朝的心腹大患。因此，为了抵御海上郑氏的反抗势力，清政府也开始实施海禁政策。1661年，清政府颁布"内迁令"，强制沿海居民内迁三十至五十里。同明朝的内迁一样，沿海居民流离失所，不得已私自出海，靠走私或抢劫过往商船为生。

直到康熙皇帝亲政，郑成功年事已高，选择退居中国台湾，清政府才解除海禁，准许沿海渔民返回故里，出海捕鱼。在解除海禁的三十余年间，沿海贸易经历了一个短暂的发展时期。但是好景不长，由于每年出海进行贸易的多达千人，可是这些人很大一部分出去之后便不愿再回来。清政府开始担心，这么多人在海外，万一同国外的敌对势力联合起来，岂不是威胁到了大清的统治？康熙皇帝心里担忧不已，于是禁止南洋贸易，只留东洋和西洋。

18世纪中叶，西方很多国家都在经历工业革命，急需原料供应以及产品市场。此时乾隆皇帝统治下的中国，沿海只有四个港口可供通商，且来往的货物还受到极大的限制。恰逢乾隆皇帝去苏州出巡，当他见到苏州港熙熙攘攘的外国商船往来不绝，且船上都携带着武器时，不禁联想到前不久发生在爪哇国的"红溪惨案"，再想起葡萄牙人强占澳门时所使用的手段，乾隆心中开始惴惴不安起来，他担心自己的国土会被这帮打着经商幌子的外国人一点点蚕食掉。于是回京没多久，乾隆就颁布圣旨，从今往后，洋人与中国的贸易全部交由"广州十三行"进行办理，不得与除十三行外的任何人有贸易往来。除此之外，外国人在中国的逗留时间、贸易的货品种类都被一一限制。自此，全面防范外国人的闭关锁国政策开始实施。

闭关锁国政策的实施，使中国错过了工业革命浪潮，错过了海外市场的扩展和资本的原始积累，错过了主动学习西方先进科学技术的机会。与世隔绝的清朝兀自做着"天朝上国"的美梦，直到英国用坚船利炮打开封锁多年的古老中国的大门时，我们才发现：几百年的海禁带给中国的，并不是想象中的安稳和太平，而是落后和任人宰割。可是，封闭了数百年的我们，又该如何重新掌握自己的命运呢？

二、郑和下西洋

明朝由明太祖朱元璋建立。建国之初，多年的战乱使得国内民生凋敝，全国上下一片破败。明太祖汲取了前朝的种种教训，励精图治，采取一系列有利于恢复社会经济的措施。经过数年的发展，生产力得到了很大的提高，人民生活富足，安居乐业，全国各地一片繁荣。在对待周边各国的关系上，明太祖采取了较为开明的和平外交政策。明成祖朱棣即位以后，比朱元璋更加重视同海外各国的友好关系。中国东南沿海周边，不少岛屿国家星罗棋布，为了和这些国家搞好关系，同时宣扬明朝"天朝上国"的国威，明成祖经过反复考查，选定跟随自己征战多年的心腹宦官郑和带领使团乘船南下，联络海外各国，建立友好关系。

1.郑和首次下西洋

1405年六月，郑和奉命带领使团出发，开始了第一次去往西洋的长途海上跋涉。郑和这次率领的使团多达两万八千人，乘坐二百多艘船南下。根据记载，这些航船中最大的一艘长一百四十八米，宽六十米，上下四层，总面积相当于三四个足球场的大小。这艘宝船总共有八层，每层都是不同的功能分区。最底层用来放置砂石，以增加船体自身重量，使船在水中的行驶更加平稳；再往上两三层是货舱，用来装载货物，储藏航行过程中所需要的粮食；第四层是顶到甲板的一层，沿船舷两侧设置有二十多个炮位，在海上如果遇到海盗则可以作战，此外还有士兵和下级官员居住的地方；再上面就是甲板了，甲板上被分为前后两个区域，船头的部分是船上一百零八名水手生活的地方；船尾的区域是一个四层的舵楼，一楼是舵工的操作间及全船的医务室，二楼是郑和以及一些高级官员的起居室，三楼是供奉妈祖诸神的神堂，最上面一层则是用来进行指挥、气象观测、信号联络的场地。而这样一艘体积庞大、功能齐全的航船，只是郑和船队中近百艘船之一。除此之外，还有专门的兵船负责保护使团安危，补给船进行物资补给，指挥船对船队进行指挥规划。

就这样，这支数量庞大、人员众多的船队装载着明朝生产的丝绸、瓷器以及各种各样的奇珍异宝从苏州太仓刘家港出发，经福建海域沿途南下。当他们到达这次西下的第一个国家——麻喏巴歇国（今印度尼西亚爪哇岛）时，却遇上爪哇内战，东王和西王为争夺统治权大打出手，最终西王取得了胜利，占领了东王领地。郑和率领船队本无意插手别国内战，但不料数量庞大的使团上岸买卖商品时，被西王误认为是东王的援兵，于是不分青红皂白将使团团团围住，杀害了一百七十名使团人员。同胞被杀，使团的其他成员义愤填膺，纷纷请战要为死者报仇。此时才明白真相的西王追悔莫及、又急又怕,他派人前来道歉,颤颤巍巍地表示:要对明朝进行六万两黄金的赔偿,以求得到明朝政府的宽恕。郑和思量再三,向明成祖上奏请示,他认为此次出行的目的是宣扬明朝国威、与海外各国建立良好的关系,如果第一站就大开杀戒,势必对以后的行程有重大影响。且爪哇西王也是误伤,现在道歉态度极好,明朝作为大国,不必为此事大动干戈。明成祖收信之后深以为然,就接受了西王的道歉。西王得知后很是感动,郑和使团的仁德美名也因此传开了。随后郑和到达其他国家的时候,都受到了十分热情的接待。在郑和完成出行返航的途中,这些国家又纷纷派出使节,携带礼品,随着郑和的船队回到南京,向明成祖进献以表谢意。明成祖见状十分高兴,对这次出使的人员大加赏赐，郑和的第一次出行取得了圆满的成功。

2.送归使者以及和锡兰的恶战

由于第一次返程回京时，多国使者随行前往。1407年九月，郑和二下西洋，目的就是为了送这些使者回国，同时又顺路访问了今天的文莱、泰国、柬埔寨、斯里兰卡等国。

1409年，郑和第三次下西洋途中，同锡兰（今斯里兰卡）发生了一场惊心动魄的战役。当郑和率领船队经过锡兰时，锡兰当时的国王亚烈苦奈儿见明朝船队人数众多、规模庞大，担心其对本国不利，于是便起了杀心。但郑和察觉到了他的不轨图谋，及时率船队离开了锡兰。然而返程时，亚烈苦奈儿见到船上装载着大批金银珠宝、香料奇珍，又起了贪念，想要将这些占为己有。于是他假意挽留，却秘密派出五万人，企图将郑和一行人围剿。郑和临危不乱，抓住时机，带兵攻进对方王城。由于锡兰军队倾巢而出，城中十分空虚，郑和俘获了城中的王公大臣以及国王的亲属。等到锡兰军队得到消息，急忙赶回来的时候，被郑和事先埋伏的军队杀得片甲不留。锡兰王亚烈苦奈儿也被俘虏，随船带回了中国。

郑和作为使臣，在与各国的交往中表现出了超凡的智慧及卓越的领导才能，数次带领使团以少胜多击退敌人，使使团转危为安。同时与东南亚及南亚诸国建立起了良好的关系，保持了长久的贸易和交往关系。

3.来自东非的礼物

经历了前三次下西洋，郑和带领的船队积累了大量的航海经验。1412年十一月，明成祖命郑和再次出行。但在到达苏门答腊的时候，正好遇到苏门答腊国内两军混战，郑和根据朝廷的意向，支持该国的王子做了国王，生擒叛贼苏干剌。郑和将苏干剌带回国之后，明成祖担心他再起祸乱，于是下令将苏干剌处决。经过了前三次的经验积累，此次郑和的船队在原来的航路上更进了一步，到达了非洲东海岸。当时非洲东海岸有一个国家名叫麻林迪，也就是现在的肯尼亚，他们见到来自东方的船队十分开心，在郑和船队回国之后进献了一只"神兽"。明朝上至皇帝，下至文武百官，见了这只"神兽"后都啧啧称赞，这"神兽"有像龙一样的头，身上的纹路好似神龟的壳，像牛一样的尾巴，像麋鹿一样的身体，这模样俨然就是上古神兽麒麟啊！明成祖大喜，命宫廷画师为这只"麒麟"画了一幅画像，并将其奉为至宝。时至今日，我们在台北故宫博物院看到这幅画的时候才发现：这只"麒麟"不就是非洲特有的长颈鹿嘛！

4.通过航行建立起同亚非各国的友好关系

郑和每次出行携带的中国的丝绸、瓷器、铜铁用品、漆器、特产果品等商品在海外市场极受欢迎。郑和将这些商品带至国外，往往刚刚到达，就被当地人抢购一空，返程时又将沿途各国的香料、宝石、珍珠等奇珍异宝带回国内，或供皇族和宗亲贵胄享用，或直接当作官吏的俸禄。这样的友好交往促进了当时中国同东亚、东南亚、非洲各国的和平往来。郑和第六次下西洋回来时，遣使进京对明成祖进行朝拜的国家达到了十六个。

这种繁荣的局面一直维持到1424年明成

祖去世。明成祖去世后，明仁宗朱高炽即位，随后采取了保守的外交策略，远洋航行一度停止。直到1430年，明仁宗才派年近六十的郑和第七次出海。郑和船队的第七次远航到达了今天非洲南端的莫桑比克海峡附近，但郑和本人却在返程途中不幸染病去世。

时至今日，远在非洲的索马里还有以郑和名字命名的村庄，印度尼西亚的爪哇岛亦有三宝井、三宝港、三宝洞等地名。沿海诸国的人们都在以自己的方式纪念郑和这位伟大的航海家，纪念他曾为沿途人民带来近百年的和平与富庶。

海上丝绸之路的美好愿景

一、"一带一路"知多少

中国东部和南部均濒临海洋，海岸线总长三万两千多千米，其中大陆海岸线长一万八千多千米，岛屿岸线长一万四千多千米，是世界上海岸线最长的国家之一。中国的海域大多来自西太平洋，被称为边缘海，分别是渤海、黄海、东海和南海，总面积四百七十多万平方千米，有着丰富的油气资源和动植物资源。我们的先民很早就会利用海洋,"渔盐之利"和"舟楫之便"是古代文献对海洋开发的完美诠释。

秦汉时期,中国人就对海洋进行过简单的开发。隋唐时期,随着航海技术的提高,海上贸易和海上经济逐渐发展起来。随着"安史之乱"的爆发,陆上丝绸之路逐渐衰落,海上却飘扬起越来越鲜艳的旗帜。海上丝绸之路在唐朝之后逐渐发展起来,并在宋、元、明时期达到巅峰。海上丝绸之路成为中华民族与世界交流和融合的重要通道。

在中华民族历史上许多光辉灿烂的成就中,瓷器是独具魅力的发明之一。它和丝绸一样,都是华夏文明对人类文明作出的伟大贡献。丝绸贸易繁荣于两汉,是陆上丝绸之路的标志;瓷器贸易兴盛于宋明,是海上丝绸之路的明珠。

它们既代表了中国古代手工艺品发展史的两个阶段，又反映了中西方经济文化交流的两个时期，真可谓"各领风骚数百年"。在古希腊、古罗马时期，中国被称为"丝国"；中世纪以后，中国成为世界公认的"瓷国"。这一发展不仅是对外贸易物品的简单转变，而且代表着中国文化艺术的发展和国际影响力的提升。从丝绸到瓷器，是中国从"丝之国"向"瓷之国"的转型，是"海上陶瓷之路"的确立，同时也是中国古代丝绸之路历史上的新起点和新篇章。

遗憾的是，随着"郑和下西洋"以及"隆庆开关"的结束，封建统治者在加强君主集权的同时，中国在对外交往、国际交流上丧失了主动，变得故步自封、夜郎自大。与此同时，西方殖民者却在航海大发现后继续拓展海洋事业。英、法、荷等新兴资本主义国家利用在海上丝绸之路中攫取到的巨大利益,加大技术革新,使工业革命率先在西欧出现。

1840年,英国殖民者的坚船利炮敲碎了清朝官员和士大夫的"天朝上国"美梦,中国近代历史上第一个不平等条约《南京条约》签订,中国开始沦为半殖民地半封建社会。

五四运动后,马克思主义思想传入中国,伟大的中国共产党诞生。中国共产党领导全国人民取得了新民主主义革命的胜利,成为中华民族近代历史复兴的起点。中国人民自力更生、艰苦奋斗,不仅为实现民主、富强、文明的社会主义现代化强国而奋斗,更为实现中华民族伟大复兴而奋斗。

2013年9月,习近平主席在哈萨克斯坦纳扎尔巴耶夫大学演讲时提出,要用创新的合作模式,共同建设地跨欧亚的"丝绸之路经济带",从加强政策沟通、道路联通、贸易畅通、货币流通、民心相通入手,形成跨区域大合作格局,加深同邻国间的经贸往来。一个月后,习近平主席在印度尼西亚国会演讲时又明确提出,中国致力于加强同东盟国家的互联互通建设,愿同东盟国家发展海洋合作伙伴关系,共同建设"21世纪海上丝绸之路"。习近平主席的这两次讲话,标志着"一带一路"倡议的正式提出。中华民族开始在新的征程中书写壮丽篇章!

二、"五彩集装箱"漂洋过海

郑和下西洋六百多年后,一艘艘万吨巨轮纷纷从中国沿海城市启航。他们穿过台湾海峡,越过马六甲海峡,穿越印度洋后,向阿拉伯半岛和红海地区进发，这正是六百多年前伟大的航海家郑和所走过的路线。

与郑和时代不同的是，当年船上装着种子、丝绸、瓷器、茶叶和明朝的货币。今天这些巨轮上装的是各种各样的"五彩集装箱"。自2013年习近平总书记发出"一带一路"倡议以来，几年来，这条见证着中华民族近代苦难历程，目睹着中华民族不屈抗争，承载着中华民族伟大复兴的古老航道，正焕发出日新月异的活力。

今天，当我们在渤海、黄海、东海、南海的海面上，在日复一日的海上航行中，每当走上甲板，总能看到这条海上丝绸之路上充满了各种各样的、来自世界各地的巨大商船。一个个"五彩集装箱"装载着琳琅满目的特色货物，每天都在不停地忙碌。

在这条古老的海上丝绸之路上，一艘艘万

吨货轮正装载着成千上万个集装箱，沿着海上丝绸之路西航线，每日向西航行。有的从上海港出发，有的从连云港出发，有的从福建月港出发，目的只有一个：将东方的文明、智慧、财富和友谊沿着海上丝绸之路源源不断地传到西方。

在"一带一路"倡议的东风下，中国沿海上丝绸之路的海运贸易再次让世界的目光聚焦在这条海路上。《全国海洋经济发展规划纲要》明确提出，我们要逐步建设海运强国。在中远海运集团的万吨巨轮上，一个个五颜六色的集装箱纷纷从中国的天津、上海等地漂洋过海。古老的"郑和下西洋"航线在今天变得更加丰富，更加成熟。